Felipe Alou:
l'histoire d'un grand champion

Carol Gaab

©2012 S.F. Giants

Cover and Chapitre Art by
Irene Jimenez Casasnovas

French Adaption & Translation by
Susan Merrill & Sabrina Janczak

IBSN: 978-1-940408-40-8

Fluency Matters, P.O. Box 11624, Chandler, AZ 85248

info@FluencyMatters.com • FluencyMatters.com

A NOTE TO THE READER

This novel is a true biographical account of one of Major League Baseball's greatest players and managers, Felipe Alou. His story is based on personal testimony that Felipe himself shared during an exclusive personal interview. The story of his life and career has been artfully narrated using a minimal number of high-frequency words in English.

New vocabulary is embedded within numerous cognates (words that are similar in two languages), making it an ideal read for language students. A comprehensive glossary lists all vocabulary used in the story. Keep in mind that many words are listed in the glossary more than once, as most appear throughout the book in various forms and tenses. (Ex.: I go, he goes, he went, etc.) Vocabulary words and phrases that would be considered beyond a beginning level are footnoted within the text, and their meanings given at the bottom of the page where each occurs.

The opinions and events in this story do not reflect or represent the opinions or beliefs of Fluency Matters. We hope you enjoy reading it!

Sommaire :

Acknowledgments

My eternal gratitude and thanks to Felipe Alou for not only allowing me to write his story, but for taking the time to personally share so many amazing accounts of his life and career. His sincere support of my efforts and the efforts of English language learners around the world is truly inspiring.

Many thanks to Clara Ho for going to bat for me to initiate this project and for coordinating my meetings with Felipe. Without her, this book would not have been possible.

Endless thanks to the San Francisco Giants for permission to use team photos that bring this story to life. To say that I appreciate their *Giant* support over the years would be a gross understatement. Their regard for me as a teacher and their desire to help their international players learn English is absolutely inspiring, to say the least.

Chapitre 1
La République Dominicaine et Haïti

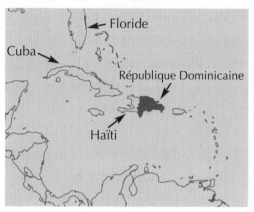

Dans la Mer des Caraïbes, il y a une île tropicale. L'île s'appelle Hispaniola. Il y a deux pays sur l'île d'Hispaniola : Haïti et la République Dominicaine. En République Dominicaine, on parle espagnol, mais à Haïti, on parle créole et français. La République Dominicaine est connue. Elle est connue pour le base-ball.

Le base-ball est très populaire en République Dominicaine. Il y a beaucoup de joueurs professionnels de base-ball qui viennent de République Dominicaine. Beaucoup sont <u>connus</u>. Ils sont connus en Ré-

↓well known

publique Dominicaine, en Amérique Latine et ils sont aussi connus aux États-Unis. Le base-ball de République Dominicaine est aussi connu à l'étranger !

La République Dominicaine est aussi connue à l'étranger pour ses plages tropicales. Il y a des hôtels chics sur les plages, et beaucoup de touristes étrangers y viennent chaque année. La République Dominicaine est une destination de vacances populaire et est considérée comme un paradis tropical.

Il y a quelques années la République Dominicaine n'était pas un paradis ! Elle n'était pas une destination de vacances, et elle n'était pas connue pour le base-ball non plus. De 1930 à 1961 un dictateur contrôlait le pays. C'était le général Rafael Leonidas Trujillo Mo-

lina. Le général Trujillo était un dictateur rigide et violent qui opprimait le peuple ! Il contrôlait la population. Il opprimait les opposants politiques et il utilisait des méthodes terroristes.

En 1937, le dictateur organisa un terrible massacre : « El Corte » pour éliminer les Haïtiens. Il y avait beaucoup de Haïtiens qui vivaient en République Dominicaine. Le dictateur cruel ne voulait pas d'Haïtiens en République Dominicaine. Il voulait les éliminer de son pays ! Il dit : « Je ne veux pas d'Haïtiens dans mon pays. Tuez-les ! Mais ne tuez pas les Dominicains, tuez seulement les Haïtiens ! »

Les Haïtiens ainsi qu'une grande majorité de Dominicains étaient noirs. Pour distinguer les Haïtiens des Dominicains, l'armée utilisa une méthode appellée le « signe distinctif ». Le « signe distinctif » était une méthode de l'armée qui consistait à utiliser un ou plusieurs mots pour distinguer les gens de pays différents.

Les Haïtiens ne parlaient pas espagnol : ils parlaient créole, un mélange de français et de langues africaines. La prononciation du créole est différente de la prononciation de l'espagnol. Il y avait plusieurs mots en espagnol que les Haïtiens ne pouvaient pas prononcer. En particulier, ils ne pouvaient pas prononcer le mot « perejil » (persil). Quand un Haïtien prononçait le mot « perejil » (persil) en espagnol, il était évident qu'il ne parlait pas espagnol et qu'il n'était pas Dominicain. Il était évident qu'il était Haïtien ! Si une personne ne prononçait pas parfaitement le mot « perejil » (persil), l'armée le tuait !

Trujillo ordonna que l'on tue tous les Haïtiens qui vivaient en République Dominicaine. Il dit à son armée : « *Éliminez les Haïtiens ! Je veux que tous les Haïtiens soient tués ! Mais n'utilisez pas d'armes militaires pour les tuer ; je ne veux pas laisser de preuves contre les militaires ! Tuez-les avec des machettes !* »

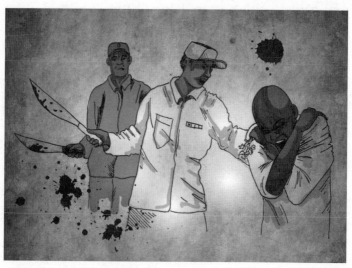

Une machette de la République Dominicaine

Pendant les six jours du massacre, les militaires (armés de machettes) tuèrent plus de 17000 Haïtiens qui vivaient en République Dominicaine. L'ironie dans ce massacre était que le dictateur avait des origines haïtiennes.

Au cours de sa dictature, le général Trujillo accomplit de nombreux actes violents et cruels, mais il accomplit aussi des actes positifs : par exemple la construction d'écoles, de maisons, d'hôpitaux et de cliniques. Le pays connaissait beaucoup de progrès économiques mais le progrès économique ne profitait pas au peuple ! Il profitait au dictateur et à ses collaborateurs. Les collaborateurs corrompus vivaient comme des rois tandis que les Dominicains continuaient à vivre dans la pauvreté.

À Haïti, de l'autre côté de l'île, il y a aussi de belles plages. L'histoire d'Haïti est riche. Haïti n'est pas connue pour son tourisme mais plutôt pour l'extrême pauvreté des Haïtiens. Beaucoup de Dominicains quittent leur pays pour aller jouer au base-ball aux États-Unis mais le sport favori des Haitiens est le football. Il y a peu de joueurs haïtiens dans la ligue majeure de baseball. Les joueurs haïtiens qui jouent dans la ligue majeure pratiquent en République Dominicaine et ils disent qu'ils viennent de République Dominicaine. Curieusement, Haïti est un grand producteur de balles pour la Ligue Majeure de base-ball.

Cette histoire vraie se déroule en République Dominicaine. Mais il est important de se rappeler que la République Dominicaine est située sur l'île d'Hispaniola et qu'il existe une autre culture et une autre vie sur l'île : la culture Haïtienne.

Chapitre 2
La famille Rojas

Sous la dictature du Général Trujillo, beaucoup de Dominicains vivaient dans la pauvreté. Le dictateur et ses collaborateurs vivaient dans d'excellentes conditions alors que les Dominicains vivaient dans des conditions déplorables. Les Dominicains n'avaient pas beaucoup d'argent. Ils vivaient dans la pauvreté et beaucoup connaissaient la faim. Il y avait aussi beaucoup d'oppression politique.

Mais en 1935, un enfant vint au monde. Il n'allait pas connaître l'oppression politique ou la pauvreté.

Son nom était Felipe Rojas Alou. C'était le fils de José Rojas et de Virginia Alou. José et Virginia avaient une grande famille. Ils avaient six enfants (dans l'ordre) : Felipe, Maria, Mateo, Jesus, Juan et Virginia.

Pour José et Virginia, la famille était très importante. Ils étaient des parents très dévoués ! La famille Rojas n'avait pas beaucoup d'argent mais les enfants ne le remarquaient pas. Ils étaient innocents et heureux : ils ne remarquaient pas qu'ils vivaient dans l'oppression politique et la pauvreté.

Les membres de la famille Rojas vivaient à Haina, au Kilomètre 12 (dans la province de San Cristóbal). On l'appelle le Kilomètre 12 parce qu'il est situé à 12 kilomètres de la Ville de Trujillo[1], la capitale de la Ré-

Saint-Domingue : le fort de Conception dans le quartier colonial. Entre 1930 et 1961, Saint-Domingue s'appelait Trujillo.

publique Dominicaine.

Ils vivaient avec très peu d'argent mais ils avaient une maison. Le père de Felipe était un menuisier[2] talentueux. C'était lui qui avait construit la maison pour sa famille. Il était aussi charpentier et forgeron. La mère de Felipe était femme au foyer[3] (c'était son emploi).

[1]*Ville de Trujillo - Trujillo City*

[General Trujillo changed the capital city's original name, Santo Domingo, to Trujillo City in 1930. After his assassination in 1961, the capital city's original name was restored.]

[2]*menuisier - carpenter [a person who works with wood]*

[3]*femme au foyer - homemaker or stay-at-home mom*

Le père de Felipe était noir et sa mère était blanche. Pour les enfants Rojas vivre dans une maison avec des blancs et des noirs était une chose normale. La race n'était pas importante. Pour les enfants il n'y avait pas de différence entre les noirs et les blancs.

La famille Rojas était respectée dans la communauté d'Haina. José et Virginia avaient une famille stable et il était important pour eux que leurs enfants aient bon caractère. C'était un devoir.

Vivre avec intégrité et honneur et recevoir une excellente éducation était aussi important pour les parents des enfants Rojas. L'éducation était primordiale pour eux ! Felipe et ses frères et sœurs allèrent à l'école élémentaire à Haina. Puis, Ils allèrent au lycée[4] à Saint-Domingue. Felipe était très intelligent et sportif. Il était excellent élève et il se consacrait à ses études. Felipe était

très talentueux ! Il avait beaucoup confiance en lui et il n'avait qu'une idée en tête… il avait une vision de

[4]*lycée - high school [grades 9 – 12]*

l'avenir et il sentait qu'il allait faire quelque chose d'important dans la vie. Quand il était en première la commission de l'équipe nationale d'athlétisme[5] de la République Dominicaine sélectionna Felipe. Ce fut un grand honneur. Felipe pratiquait le lancer de javelot[6] et sa sélection pour l'équipe nationale d'athlétisme fut le premier signe qu'il allait faire quelque chose d'important dans la vie.

[5]*l'équipe nationale d'athlétisme - National Track Team [Track includes many events, including running, throwing and jumping.]*

[6]*le lancer de javelot - javelin throwing [A javelin is a long object with a point, like a lance or spear.]*

Chapitre 3
Se consacrer à la sélection nationale : un devoir

Pendant que Felipe était dans la sélection nationale d'athlétisme, il ne pouvait pas participer à d'autres activités sportives au lycée. Il ne pouvait pas pratiquer le base-ball ou d'autres sports au lycée parce qu'il devait se consacrer au javelot pour la sélection nationale d'athlétisme. Felipe travailla dur ! Il devait beaucoup s'entraîner pour préparer les Jeux d'Amérique Centrale.

En 1954, quand il était en terminale[1] Felipe alla

[1] terminale - senior year, high school

au Mexique avec la sélection nationale d'athlétisme afin de participer aux Jeux d'Amérique Centrale. La sélection dominicaine était mauvaise ! Ils ne gagnèrent aucune médaille et le dictateur, le Général Rafael Trujillo, était furieux. *« Quelle honte ! »*, s'écria t-il. *« Ne gagner aucune médaille est inacceptable ! L'équipe doit plus s'entraîner ! »*

En 1955, le dictateur Trujillo demanda à plusieurs experts sportifs d'entraîner les athlètes. Tous les athlètes devaient s'entraîner dur ; c'était l'ordre du dictateur . *« Entraînez-vous dur ! Concentrez-vous ! »* ordonna-t-il. Tous les athlètes devaient consacrer toute leur énergie et toute leur attention à l'entraînement : c'était un ordre du dictateur. Ils devaient se consacrer à leur sport : c'était un ordre. Le dictateur voulait éliminer toutes les distractions alors les athlètes masculins n'avaient pas la permission de parler aux femmes athlètes. *« Parler aux femmes athlètes est interdit ! »*, ordonna le Major Sergio Vicioso, l'un des représentants militaires officiels du Général Trujillo.

Le Major Vicioso était le directeur de la délégation pendant les Jeux panaméricains à Mexico. Il était responsable de l'équipe et des athlètes. *« Si un athlète masculin parle à une femme athlète il sera éliminé…*

de l'équipe. » Tous les athlètes étaient nerveux. Ils ne voulaient pas avoir de problèmes avec le Major Vicioso !

Quelques jours plus tard, le major Vicioso alla voir un athlète masculin. Le major était furieux.

> – Avez-vous parlé à une femme athlète hier ?, –demanda-t-il d'une voix irritée.
>
> – Non, Major. Je n'ai parlé à aucune femme athlète hier, pas à une seule, –répondit l'athlète nerveusement.
>
> – Menteur !, –cria le major, furieux.

Le major Vicioso élimina immédiatement l'athlète de l'équipe. Felipe et les autres athlètes s'entraînaient dur pendant des heures tous les jours. Ils devaient beaucoup s'entraîner ! Ils avaient deux options : se consacrer à 100% à l'entraînement ou abandonner l'entraînement et en subir les conséquences. Les athlètes ne pouvaient pas vraiment avoir de vie sociale car ils consacraient beaucoup de temps à l'entraînement. Felipe ne voulait pas de problèmes alors il s'entraînait dur et ne parlait à aucune femme athlète. Il se consacrait 100 % à son entraînement.

Chapitre 4
Un talent remarqué à l'étranger

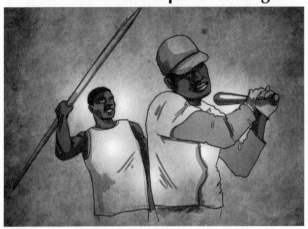

Felipe était un athlète sérieux et talentueux. Cela attira l'attention de son entraîneur. Un jour, son entraîneur lui dit :

> – Felipe, tu es intelligent et sportif. Je veux que tu joues aussi dans l'équipe de base-ball.

> – Vous voulez que je pratique deux sports ? ! –s'écria Felipe–. Vous voulez que je sois dans deux équipes ? !

> – Oui, je veux que tu sois dans deux équipes, l'équipe d'athlétisme et l'équipe de base-

ball, –répondit son entraîneur fermement.

– D'accord, –répondit Felipe avec confiance.

Après avoir obtenu son baccalauréat[1] il alla à l'Université de Saint-Domingue. Il voulait devenir médecin. Ses parents étaient heureux de sa décision. Felipe jouait pour l'équipe de base-ball de l'université et c'était un excellent joueur. Il jouait un rôle important dans l'équipe et en 1955, l'équipe de l'université gagna le championnat universitaire. Encore une fois, les qualités athlétiques de Felipe attirèrent l'attention de beaucoup de gens. Les entraîneurs et les agents étrangers remarquèrent son talent.

Felipe continua aussi de s'entraîner avec la sélection nationale de base-ball. L'équipe se préparait pour les Jeux panaméricains et Felipe continua à s'entraîner dur. À cette époque, il pratiquait deux sports : le lancer du javelot et le base-ball.

En Mars 1955, Felipe participa aux Jeux panaméricains au Mexique. Il y participa avec la sélection nationale d'athlétisme et avec la sélection nationale de base-ball. Après des mois de préparation et d'entraî-

[1]*Après avoir obtenu son baccalauréat - After he graduated from high school. " Le baccalauréat" is an academic qualification which French and international students take at the end of the "lycée" (secondary education).*

nement, les entraîneurs décidèrent de ne pas sélectionner Felipe dans l'équipe d'athlétisme. Ils avaient décidé que Felipe devait se concentrer exclusivement au base-ball. Ce fut une excellente décision parce que la sélection nationale dominicaine de base-ball gagna la médaille d'or.

L'équipe gagna la finale (10 à 4) contre les États-Unis. L'incroyable talent de Felipe attira beaucoup l'attention à l'étranger ! Les entraîneurs et les agents américains avaient observé Felipe. Ils étaient tous très impressionnés par ses qualités athlétiques et son talent au base-ball ! Beaucoup d'agents et d'entraîneurs voulaient le convaincre de devenir joueur de baseball professionnel mais Felipe ne voulait pas renoncer à son projet de devenir médecin. Ses parents ne voulaient pas le voir abandonner ses études universitaires non plus. Son père n'avait pas une bonne opinion du base-ball. *« Jouer au base-ball n'est pas une profession respectable »*, disait son père. *« Ce n'est pas un travail acceptable. »*

Felipe retourna à l'université et continua ses études de médecine. Beaucoup d'entraîneurs et d'agents voulaient le convaincre de devenir joueur de baseball professionnel. *« Vous êtes un excellent joueur de ba-*

seball ! Vous pourriez jouer dans la Ligue Majeure ! », insistaient-ils. Les entraîneurs étaient très convaincants ! Jouer aux États-Unis serait une expérience incroyable, mais Felipe respectait son père. L'avis de son père était important pour lui !

Que dirait-il si Felipe abandonnait ses études pour jouer aux États-Unis ? Felipe ne savait pas quoi faire. Il voulait vraiment être médecin, mais il ne voulait pas laisser passer une occasion extraordinaire non plus. Et il devait aussi considérer sa famille. Ses parents vivaient dans la pauvreté et ils avaient de graves problèmes financiers. Être joueur de baseball professionnel pourrait éliminer les problèmes financiers de ses parents. Felipe ne savait pas ce qu'il devait faire.

Après avoir long-temps réfléchi, Felipe décida de devenir joueur de baseball professionnel. En novembre 1955, Felipe Alou signa un contrat de $200 avec les New York Giants.

©2012 S.F. Giants

Après avoir signé son contrat avec les Giants, le nom de Felipe n'était plus Felipe Rojas Alou. Son agent américain l'appelait Felipe Alou mais ce n'était pas son nom principal. Son agent n'avait pas compris qu'Alou était le nom de famille de sa mère. Il n'avait pas compris que Rojas était le nom de famille de son père et le nom de famille correct. Il n'avait pas compris qu'en République Dominicaine, les gens utilisent deux noms de famille. Le nom principal, ou nom de famille, est le nom de famille du père, et le deuxième nom est le nom de famille de la mère.

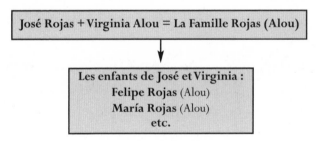

L'agent changea accidentellement le nom de famille Rojas en Alou. Felipe ne voulait pas corriger l'agent donc il signa son contrat avec un nom de famille qui n'était pas correct. Il signa 'Felipe Alou' et il commit alors sa première erreur chez les Giants… sans même avoir joué un seul match.

Chapitre 5
Les obstacles

Immédiatement après avoir signé avec les Giants, Felipe affronta un premier obstacle. Il ne pouvait pas obtenir de visa. Sans visa, il ne pouvait pas entrer aux États-Unis. Felipe était nerveux. Il attendait son visa avec impatience. Il voulait aller aux États-Unis ! *« Ne soyez pas nerveux, Felipe »,* déclara Horacio Martinez, le découvreur de talents des Giants. *« Les problèmes de visa sont normaux. Nous devons attendre votre visa. Soyez patient ! »*

Finalement son visa arriva et Felipe quitta son pays pour aller aux États-Unis. Il devait aller à Danville, en Virginie, mais ce n'était plus possible. L'équipe à Danville n'avait plus besoin de Felipe parce que le recrutement avait déjà été fait pendant qu'il attendait son visa. Donc, Felipe alla jouer aux États-Unis pour une autre équipe : l'équipe de Lake Charles en Louisiane.

Quand Felipe quitta la République Dominicaine en 1956, il ne savait pas qu'il allait affronter autant d'obstacles aux États-Unis, des obstacles inimaginables ! Quand il arriva en Louisiane, il affronta immé-

diatement un second obstacle : il ne parlait pas anglais ! Felipe ne comprenait pas un seul mot d'anglais et cela le stressait énormément. La population de Louisiane n'avait pas beaucoup de compassion pour une personne qui ne parlait pas anglais. Ils avaient encore moins de compassion pour une personne noire qui ne parlait pas anglais. Les blancs ne voulaient pas communiquer avec Felipe et les noirs ne pouvaient pas communiquer avec lui. Felipe était certain qu'il n'y avait personne en Louisiane qui parlait espagnol !

Felipe était très stressé ! Il se demandait : « *Est-ce qu'il y a des Américains en Louisiane qui parlent espagnol ?* » Quelques minutes plus tard, Felipe remarqua un Latino-Américain qui était entré dans l'aéroport. « *Êtes-vous Felipe Alou ?* », demanda-t-il en espagnol. Felipe était content. Il parlait espagnol !

Felipe quitta l'aéroport avec le Latino-Américain. Ils quittèrent tous les deux l'aéroport en taxi. Le chauffeur de taxi était noir, mais il ne parlait pas espagnol. Le chauffeur de taxi parlait anglais avec le Latino-Américain :

– Bla-bla-bla…

– Ouais, –répondit le Latino–Américain.

– Bla-bla-bla…

– Ouais.

– Bla-bla-bla…

– Ouais.

Felipe ne comprenait pas un seul mot. Il était perdu et quand le Latino- Américain et lui arrivèrent à destination, il demanda (en espagnol) :

– Que signifie 'ouais' ?

– C'est un autre mot pour 'oui'. Il signifie « *si* », –répondit le Latino-Américain.

C'est à ce moment-là que Felipe comprit que son incapacité à communiquer en anglais lui posait un problème sérieux.

Felipe affronta un autre problème en Louisiane : la discrimination ! Il avait quitté la dictature et l'oppression en République Dominicaine pour affronter maintenant le racisme et la discrimination aux États-Unis. Il n'affrontait pas seulement des attitudes racistes, mais il affrontait aussi des lois[1] racistes. Dans les années 1950, les lois ségrégationnistes étaient normales aux États-Unis. Les noirs ne pouvaient pas utiliser les mêmes toilettes que les blancs. Les noirs ne pouvaient pas entrer dans les mêmes restaurants que les blancs. Les noirs ne pouvaient pas s'asseoir à l'avant[2] des autobus.

Toutes les lois ségrégationnistes posaient un problème à Felipe mais une en particulier lui posait un énorme problème : les athlètes noirs ne pouvaient pas jouer sur le même terrain que les athlètes blancs.

[1]*lois - laws*
[2]*à l'avant - at the front*

Les noirs ne pouvaient pas jouer avec les blancs !
C'était interdit ! Felipe ne pouvait pas jouer avec
l'équipe de Lake Charles parce qu'il était noir ! Pour
la première fois Felipe faisait face à de la discrimination et c'était horrible !

En Louisiane et dans les autres états des États-Unis,
il existait un mouvement pour éliminer la ségrégation.
Il y avait aussi un projet de loi en Louisiane qui permettrait aux athlètes noirs de jouer avec les athlètes
blancs sur le même terrain. La population de Louisiane devait voter pour ou contre ce projet de loi.
« Vous devez attendre, Felipe, » lui dit son manageur
en anglais. *« La population de Louisiane va voter pour
et les noirs pourront jouer avec les blancs. »* Encore
une fois, Felipe attendit encore et encore.

Un jour, son manageur téléphona à Felipe : *« Alou !
Soyez dans mon bureau dans cinq minutes ! »* Felipe
alla au bureau. Il était nerveux. *« Qu'est-ce que mon
manageur veut ? »*, se demanda Felipe. Le manageur
parla à Felipe :

  – Alou, bla-bla-bla…Bla-bla-bla ? –demanda
    son manageur. Il attendait une réponse.
  – Ouais, répondit Felipe sans comprendre un
    seul mot.
  – Bla-bla-bla…

– Ouais, –répondit encore Felipe.

Le lendemain, Felipe alla au stade pour l'entraînement mais il n'y avait pas un seul joueur de base-ball sur le terrain. Felipe était perdu. *« Où sont les joueurs ? »*, demanda-t-il. *« Alou ! »*, l'appela une voix. Felipe remarqua à ce moment-là l'autobus de l'équipe. Tous les joueurs étaient dans le bus.

Ils avaient tous de grosses valises[3]. Felipe monta dans le bus sans valise, sans argent et sans savoir où l'équipe allait. Quelques heures plus tard, Felipe comprit enfin la situation : l'équipe devait jouer des matchs dans différentes parties de la Louisiane et ils ne rentreraient pas à Lake Charles avant neuf jours ! Encore une fois, Felipe était très stressé.

Quelques jours plus tard, l'équipe alla jouer à Bâton Rouge. Tous les joueurs, y compris Felipe, arrivèrent en tenue. Felipe ne pouvait pas jouer mais il avait une tenue officielle. Habituellement il s'asseyait avec l'équipe pendant les matchs. Quand l'équipe arriva au stade à Bâton Rouge, les joueurs allèrent à l'entrée réservée aux athlètes. Quelques athlètes blancs entrèrent dans le stade, mais quand Felipe entra, la police ne le lui permit pas. *« Pas de noirs ! »*, hurla un

[3]*valises - suitcases*

policier. « *Vous ne pouvez pas utiliser cette entrée. Cette entrée est pour les athlètes ! Pour les athlètes BLANCS seulement !* » « *Utilisez l'entrée réservée aux noirs !* »*, hurla un autre policier.

Bill Russell, un coéquipier blanc, voulait laisser Felipe entrer avec l'équipe. Il attrapa Felipe par le bras et il allait entrer avec lui, mais la police réagit agressivement. Un policier attrapa Felipe et lui cria : « *Cette entrée est seulement pour les athlètes blancs. Utilisez l'entrée pour les noirs !* »

Felipe ne voulait pas de problèmes avec la police donc il entra dans le stade par l'entrée réservée aux noirs. La police ne lui permit pas de s'asseoir avec l'équipe. Il devait s'asseoir dans la partie du stade réservée seulement aux noirs. Il s'assit avec les fans noirs, dans la partie du stade réservée aux noirs, dans sa tenue des Giants.

Après le match, l'équipe rentra à Lake Charles. Malheureusement pour Felipe, la population vota contre le projet de loi. Les noirs ne pourraient pas jouer sur le même terrain que les blancs. Au même moment, la Ligue vota et élimina deux équipes de la Ligue : celles de Lake Charles et Lafayette, les deux équipes qui avaient des joueurs noirs. Après avoir attendu des semaines entières Felipe ne pouvait pas jouer avec l'équipe de Lake Charles.

Chapitre 6
La faim !

La population de Louisiane veut-elle permettre aux noirs de jouer sur les mêmes terrains que les blancs ?

☐ Oui
☑ Non !

Désabusé, Felipe attendait à la gare routière de Lake Charles. Il allait jouer en Floride avec l'équipe de Cocoa. Son manager lui avait dit : « *Les noirs peuvent jouer au baseball en Floride* », donc Felipe était à la gare routière et il attendait le bus à destination de Cocoa. Il ne voulait pas vraiment aller en Floride. Il voulait rentrer en République Dominicaine !

Quelques minutes plus tard, Felipe monta dans un bus. Il voulait s'asseoir à l'avant mais les noirs ne pouvaient pas s'y asseoir. C'était interdit ! Seuls les blancs pouvaient s'asseoir à l'avant. Felipe monta dans le bus et vit que tous les blancs étaient assis à l'avant, et tous les noirs étaient assis au fond du bus. Pas d'exception pour Felipe. Il s'assit au fond du bus avec les autres noirs.

Le bus s'arrêta souvent[1]. Lorsque le bus s'arrêtait, quelques personnes descendaient et d'autres montaient. Quelques heures plus tard, le bus s'arrêta et le chauffeur cria : « *On s'arrête manger !* » Felipe était content parce qu'il avait faim ! Tous les blancs descendirent du bus et ils entrèrent dans le restaurant. Quand les noirs descendirent du bus, ils n'entrèrent pas dans le même restaurant. Les noirs ne pouvaient pas manger dans le même restaurant que les blancs. C'était interdit ! Tous les noirs allèrent dans un endroit réservé aux « personnes de couleur ». Felipe ne comprenait pas l'expression « personnes de couleur » mais

[1]*souvent - often, frequently*

il vit que tous les noirs faisaient la queue à cet endroit. Felipe alla avec les autres noirs et il fit la queue.

Alors qu'il faisait la queue, Felipe vit que tous les noirs quittaient l'avant de la queue avec des fruits et des sandwiches. Il remarqua un des sandwiches en particulier. Il était rond, comme un disque, et il sentait très bon ! Felipe avait vraiment faim et il voulait manger ce sandwich ! Il sentait si bon !

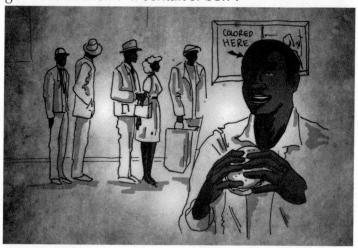

Il continua à faire la queue, mais quelques minutes plus tard, le chauffeur cria : « *Bla-bla-bla !* » Felipe ne comprit pas ce qu'il disait mais il remarqua que les blancs montaient dans le bus. Il remarqua aussi que les noirs quittaient la queue pour monter dans le bus. Felipe quitta la queue sans nourriture. À ce moment-là il avait vraiment faim !

Toutes les personnes montèrent dans le bus et Felipe était encore assis au fond. Le bus continua sa route en direction de la Floride. Il s'arrêtait souvent. Le bus s'arrêta et Felipe avait encore très faim. Il se demandait : « *Est-ce qu'on va manger maintenant ?* » Quelques heures plus tard le chauffeur de bus s'arrêta enfin pour manger. Le chauffeur cria : « *On s'arrête manger !* » Ensuite il descendit du bus et il entra dans le restaurant. Tous les blancs descendirent et ils entrèrent aussi dans le restaurant. Les noirs descendirent du bus après les blancs mais ils n'entrèrent pas dans le restaurant. Les noirs n'avaient pas le droit de manger dans le même restaurant que les blancs. Les noirs devaient aller à l'endroit réservé aux « personnes de couleur ».

Felipe descendit du bus et il attendit un moment pour voir où se trouvait la queue des « personnes de couleur ». Felipe avait vraiment faim ! Il fit la queue. Il remarqua des personnes avec des fruits et des sandwiches... Il remarqua en particulier les sandwiches ronds qui sentaient si bon. Felipe sentait l'odeur des sandwiches et il voulait en manger ! « *Miam-Miam.* » Il avait vraiment, vraiment faim ! Il y avait une éternité que Felipe faisait la queue. Le chauffeur quitta le restaurant et il cria aux noirs qui faisaient la queue : « *Bla-bla-bla !* » Felipe ne comprit pas les mots mais il comprit parfaitement la situation : il n'allait pas manger. Il quitta la queue, monta dans le bus et s'assit au fond du bus. Il avait extrêmement faim !

La même scène se répéta encore et encore. Elle se répéta pendant tout le voyage. Felipe resta trois jours dans le bus. Il resta trois jours sans manger. Quand le bus arriva en Floride, Felipe était affamé ! Il avait vraiment très faim, la discrimination était intolérable et il était vraiment très fatigué. Il voulait rentrer en République Dominicaine !

Le bus n'était plus qu'à quelques kilomètres de Cocoa et Felipe était la seule personne qui restait dans

le bus. Il n'y avait plus de blancs et il n'y avait plus de noirs. Felipe décida de s'asseoir à l'avant. Il s'assit à l'avant derrière le chauffeur.

Le chauffeur qui était furieux, criait : « *BLA-BLA-BLA ! BLA-BLA-BLA ! BLA-BLA-BLA !* » Felipe ne comprenait pas un seul mot mais il comprenait exactement ce que le chauffeur voulait : Felipe devait s'asseoir au fond du bus ! Felipe resta où il était ! Le chauffeur continua à crier mais Felipe resta où il était ! Felipe ne voulait pas de problèmes mais il n'allait pas s'asseoir au fond du bus, alors qu' il n'y avait personne d'autre dedans. Felipe était complètement dégoûté et désabusé !

Felipe, assis derrière le chauffeur, voulait rentrer en République Dominicaine. Il ne voulait plus rester aux États-Unis. Il voulait rentrer chez lui ! La dictature dominicaine n'était pas aussi cruelle que la démocratie américaine où les noirs étaient continuellement victimes de discriminations. Felipe préférait vivre dans une dictature ! Il était très stressé ! Il continua à réfléchir. « *Est-ce que je descends du bus à Cocoa ou est-ce que je continue jusqu'à Miami pour rentrer en République Dominicaine ?* » Finalement, après trois jours de voyage horribles, le bus arriva à Cocoa et Felipe descendit du bus.

Chapitre 7
Mon premier hamburger

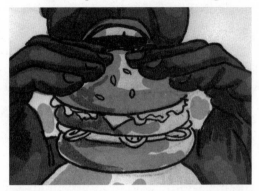

Felipe était content. Il allait enfin jouer au base-ball ! Il joua avec l'équipe de Cocoa et quelques jours plus tard son talent attira l'attention de beaucoup de gens. Le manageur était impressionné par Felipe et les fans l'admiraient. Ils le considéraient comme un excellent joueur. Quand Felipe frappait la balle, les fans criaient : *« Home-run, home-run ! »*

Un jour, pendant un match à Cocoa, en Floride, Felipe était à la batte. Les fans criaient : *« Felipe ! Felipe ! »*. Mais Felipe n'était pas concentré sur les fans. Il était concentré sur la balle et sur le lanceur ! Le lanceur était concentré sur Felipe et c'est à ce moment-là qu'il lança la balle. « BAM ! » Les fans crièrent avec enthousiasme , et le speaker cria : *« Home-run, home-run ! C'est grâce[1] à Felipe Alou que l'équipe a gagné le match ! »* Les fans étaient très contents, et ils firent passer un chapeau[2] pour Felipe. *« Felipe ! »*, cria son coéquipier. *« Les fans font passer un chapeau pour toi ! »* Felipe ne comprenait pas les mots, mais il comprenait l'implication : les fans l'admiraient et ils étaient très contents !

Quelques minutes plus tard, les fans appelèrent Felipe avec enthousiasme. Ils avaient un chapeau… un chapeau avec de l'argent !

[1] *grâce à - because of*
[2] *chapeau - hat or cap*

– Felipe, vous êtes un excellent joueur ! Nous avons fait passer un chapeau pour vous !
–dit un fan avec enthousiasme.

– Merci, –répondit Felipe, un peu timide.

– Les hamburgers ! –s'écria un de ses coéquipiers avec enthousiasme.

Felipe ne comprenait pas et il demanda :

– Qu'est-ce que c'est qu'un « hamburger » ?

– Les hamburgers… tu dois acheter des hamburgers pour l'équipe, –expliqua le coéquipier en anglais.

Un autre coéquipier prit l'argent et il répéta :

– Tu dois acheter des hamburgers !

– C'est une tradition ! –expliqua un autre coéquipier. Quand les fans font passer un chapeau pour toi, tu dois acheter des hamburgers pour l'équipe.

Felipe comprit enfin. Avec l'argent du chapeau, il devait acheter des hamburgers pour ses coéquipiers. C'était une tradition. C'était aussi un honneur !

Après le match, Felipe alla acheter des hamburgers pour ses coéquipiers. Il y alla seulement avec ses coéquipiers noirs. Les joueurs blancs n'allèrent pas avec Felipe parce qu'il n'était pas acceptable pour des blancs de manger dans le même restaurant que des noirs. C'était interdit ! Alors Felipe et ses coéquipiers noirs allèrent dans le quartier noir de Cocoa dans un restaurant réservé aux noirs.

Ils entrèrent dans le restaurant et les hamburgers sentaient très bon ! *« Miam-Miam ! »* Felipe sentit l'odeur des hamburgers et il reconnut la délicieuse odeur. Il observa les gens dans le restaurant. Beaucoup de gens mangeaient des sandwiches ronds. Felipe reconnut les sandwiches et il comprit enfin : les sandwiches ronds étaient appelés hamburgers !

Felipe était content d'acheter des hamburgers. Quand ses coéquipiers et lui s'assirent pour les manger, Felipe prit son hamburger et il s'écria : *« Enfin ! Mon premier hamburger ! »* Felipe était content de manger son premier hamburger. C'était délicieux !

Chapitre 8
Une équipe divisée

Felipe était content. Il jouait bien et il avait gagné le respect de son manageur et des fans mais il devait encore vivre avec de la discrimination. Les joueurs noirs n'avaient pas le droit de vivre avec leurs coéquipiers blancs. Alors que les joueurs blancs vivaient dans de bonnes conditions, les joueurs noirs, eux, vivaient dans d'horribles conditions. Toutes les personnes noires, les employés, les manageurs, les ouvriers, devaient habiter dans le quartier noir de Cocoa. Les noirs n'avaient pas le droit d'habiter dans les quartiers réservés aux blancs : c'était interdit.

À Cocoa, Felipe et ses coéquipiers noirs n'habitaient pas dans le même quartier que les joueurs blancs. Felipe habitait dans un appartement dans le quartier noir de Cocoa. L'appartement était dans un horrible état. Il y avait deux étages dans l'appartement. Felipe habitait au premier étage avec deux autres joueurs noirs. Il y avait un plancher en bois dans son appartement. Il y avait de grands trous dans le plancher ! Les trous étaient très grands, tellement grands que Felipe et ses coéquipiers pouvaient observer les gens qui habitaient au rez-de-chaussée ! Felipe pensait qu'un jour les trous dans le plancher provoqueraient un horrible accident.

Quand Felipe habitait à Lake Charles ce n'était pas si différent. Il n'habitait pas avec ses coéquipiers blancs mais il habitait avec une famille blanche. Il habitait dans le quartier réservé aux blancs mais il l'habitait en secret. Felipe n'entrait pas dans la maison par la porte d'entrée. C'était interdit. Il n'avait pas le droit d'entrer ou de sortir de la maison pendant la journée non plus. Les gens ne devaient pas remarquer qu'une personne noire habitait dans la maison donc tous les jours Felipe entrait et sortait en cachette[1].

Les joueurs noirs n'avaient pas le droit d'habiter avec les joueurs blancs et ils n'avaient pas le droit de manger avec eux non plus. C'était interdit. Les noirs n'avaient pas le droit de manger dans le même endroit que les blancs et ils n'avaient pas le droit d'entrer dans les restaurants qui étaient réservés aux blancs. C'était interdit !

[1]*en cachette - on the sly, secretly*

Un jour l'équipe alla jouer dans une autre partie de la Floride dans trois voitures différentes. Felipe et deux autres joueurs noirs étaient dans la même voiture. Après le match l'équipe alla manger dans un restaurant. C'était un restaurant réservé aux « blancs ». Les joueurs blancs entrèrent dans le restaurant mais les joueurs noirs n'y entrèrent pas. Les noirs n'avaient pas le droit d'entrer dans un restaurant qui était réservé aux blancs. C'était interdit ! Felipe et ses coéquipiers noirs, Jim Miller et Chuck Howard, n'avaient pas le droit de manger dans le restaurant donc ils attendirent dans la voiture.

Pendant que Felipe et ses coéquipiers attendaient dans la voiture une autre voiture arriva devant le restaurant. Il y avait deux personnes blanches dedans. Quand les blancs dépassèrent la voiture ils remarquèrent les trois hommes noirs. Il était apparent que les blancs n'étaient pas contents de voir trois hommes noirs dans une voiture garée dans le parking du restaurant. Les blancs entrèrent dans le restaurant et quelques minutes plus tard la police arriva.

Les policiers étaient irrités et ils ordonnèrent aux trois joueurs noirs de descendre de la voiture. *« Descendez de la voiture ! »* crièrent-ils. Les coéquipiers

de Felipe descendirent immédiatement mais Felipe resta à l'intérieur. Il ne descendit pas de la voiture. Les policiers étaient furieux ! *« Descendez de la voiture ! »*, ordonnèrent-ils. *« Vous n'avez pas le droit de rester dans la voiture ! Ce parking est réservé aux blancs ! »*

À ce moment-là, Felipe remarqua deux coéquipiers blancs. Ils sortaient du restaurant avec de la nourriture pour les joueurs noirs mais ils s'arrêtèrent quand ils remarquèrent la police. Les joueurs blancs retournèrent dans le restaurant et quelques secondes plus tard, Felipe vit arriver son manageur. Son manageur comprit la situation. Les policiers continuèrent à crier à Felipe de descendre de la voiture :

– Est-ce qu'il y a un problème ? interrompit-il.

– Oui, les noirs n'ont pas le droit d'attendre à
l'intérieur des voitures. Ce parking est réservé aux blancs, –répondit un des policiers
d'une voix irritée.

– Je comprends, –dit son manageur, en regardant Felipe dans la voiture.

Le manageur de Felipe monta dans la voiture et il
déplaça la voiture jusque dans la rue. Ensuite il descendit de la voiture et il retourna au restaurant. Les
coéquipiers de Felipe montèrent dans la voiture et les
trois joueurs noirs continuèrent à attendre dans la voiture… dans la rue.

Chapitre 9
Une discrimination sans limites

Felipe ne laissa pas le racisme l'affecter. Il se concentra sur le base-ball. C'était un excellent joueur, et il avait des statistiques excellentes. C'était un excellent batteur. Le manageur des Giants était très impressionné par les qualités athlétiques de Felipe et les Giants décidèrent de le faire jouer dans la Ligue Est.

Felipe était content ! Tout était différent dans l'Est. Il y avait moins de racisme et moins de discrimination. Il n'y avait pas de quartier réservé aux noirs, et il n'y avait pas d'entrée réservée aux noirs non plus. Pour la première fois Felipe put habiter avec son équipe ! Il dormit pour la première fois dans un hôtel américain, l'Hôtel Stearns à Springfield dans le Massachusetts. *« Je me sens comme un roi ! »*, s'écria Felipe, heureux.

Felipe continua à très bien jouer. C'était un excellent batteur. Son immense talent continua à beaucoup attirer l'attention. En 1958 les Giants décidèrent de faire jouer Felipe dans la Ligue de la Côte Pacifique.

Dans la Ligue de la Côte Pacifique Felipe continua à impressionner les managers, les agents et les fans grâce à son talent immense ! Ses qualités athlétiques étaient remarquables et, après juste deux mois dans la Ligue de la Côte Pacifique, les Giants décidèrent de faire jouer Felipe dans la Ligue Majeure. Felipe allait jouer dans la Ligue Majeure ! Il était dans l'équipe des San Francisco Giants !

En 1958 les Giants quittèrent New-York. L'équippe décida de jouer à San Fransisco et ils adoptèrent le nom de San Fransisco Giants.

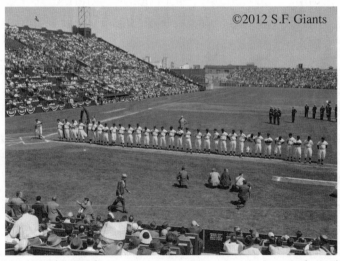

©2012 S.F. Giants

En 1958 et 1959, les San Francisco Giants jouaient au stade Seal pendant que Candlestick Park était en cours de construction.

En 1958 il n'y avait seulement qu'un joueur dominicain dans la Ligue Majeure de baseball mais ce
n'était pas important pour les Giants. Ils avaient un
projet et une vision pour l'avenir. Les Giants avaient
confiance dans les qualités de Felipe. Pendant son
premier match dans la Ligue Majeure, Felipe joua
bien. C'était un excellent batteur. Après seulement
trois jours dans la Ligue Majeure, il réalisa son premier
home-run !

Tout était différent dans la Ligue Majeure de base-
ball. Il y avait des attentes plus élevées. Les joueurs
devaient représenter l'équipe d'une manière profes-
sionnelle. Les joueurs devaient porter des tenues spé-
ciales. Ils avaient une tenue pour chaque occasion. Ils
devaient porter la tenue officielle de l'équipe pendant
les matchs et ils devaient porter une tenue spécifique
pendant l'entraînement. Pour d'autres occasions les
joueurs devaient porter un costume.

Felipe n'avait pas de bon costume. Son coéquipier,
Orlando Cepeda, originaire de Puerto Rico, n'avait
pas de bon costume non plus. Felipe et Orlando voulaient représenter l'équipe d'une manière profession-
nelle et respectable. Ils étaient fiers de faire partie de
l'équipe et ils voulaient bien la représenter. Ainsi,

après un match à Philadelphie, les deux joueurs latino-américains décidèrent d'aller à Philadelphie acheter un nouveau costume.

Felipe et Orlando allèrent dans différents magasins pour choisir le costume parfait. Ils entrèrent seulement dans les magasins qui vendaient de très bons costumes. Quelques heures plus tard les deux joueurs choisirent deux costumes parfaits. Ils étaient fiers et impatients de porter leur nouveau costume. Ils quittèrent le magasin très heureux et très fiers.

Après avoir joué à Philadelphie, l'équipe alla à Pittsburgh. Tous les joueurs, les noirs et les blancs, allèrent dans le même hôtel. Felipe était content et fier. Quand ils arrivèrent à l'hôtel Felipe remarqua un restaurant chic.

> – Cepeda, tu veux manger dans ce restaurant-là ? –demanda Felipe, heureux–. Nous pourrons porter nos nouveaux costumes.

> – Parfait ! –répondit-il.

Une heure plus tard Felipe alla au restaurant avec Orlando Cepeda. Les deux joueurs étaient très fiers de porter leur nouveau costume. Les costumes étaient vraiment très chics ! Felipe et Orlando étaient fiers et confiants quand ils entrèrent dans le restaurant.

– Qu'est-ce que vous voulez ? –demanda le
responsable du restaurant d'une voix irritée–. Je n'ai pas de travail pour vous.

– Nous ne voulons pas travailler. Nous voulons manger, –répondit Felipe avec
confiance.

– Qu'est-ce que vous voulez vraiment? –insista le responsable.

– Nous voulons manger ! –répondit Felipe fermement.

– Vous avez des réservations ? –demanda le
responsable avec arrogance.

– Non. Nous n'avons pas de réservation.

– Alors, vous ne pouvez pas manger ici ! –dit-il cruellement.

Felipe et Orlando quittèrent le restaurant et ils rentrèrent à l'hôtel. Désabusés, ils passèrent une commande au service de chambre. Ils mangèrent dans leur chambre d'hôtel… en portant leurs nouveaux costumes.

Chapitre 10
Les Giants dans la Ligue Majeure

Felipe et son frère sautent de joie.

Felipe continua à jouer pour les Giants pendant six ans, mais il n'était pas le seul Alou à être un extraordinaire joueur de base-ball. Le frère de Felipe, Mateo 'Matty' Alou, était aussi un excellent joueur. Les Giants signèrent un contrat avec Matty en 1957 et ils décidèrent de le faire jouer dans la Ligue Majeure en 1961. Felipe était content ! Il jouait dans la Ligue Majeure avec son frère !

Les frères Alou jouaient bien et leurs talents impressionnaient beaucoup de gens. Ils gagnèrent le respect des fans, des manageurs et des joueurs mais ils furent encore confrontés à des obstacles. Parler anglais était l'un de ces obstacles. Les frères Alou ne parlaient pas bien anglais. Ils préféraient se parler en espagnol, mais les Giants ne le leur permettaient pas. Ils ne leur permettaient pas de se parler en espagnol. Parler en espagnol était interdit ! Quelques années plus tard, Felipe commenta : « *J'avais beaucoup confiance en mes qualités athlétiques et en mon intelligence, alors quand les Giants m'ont dit que je n'avais pas le droit de parler espagnol à mon frère, j'ai ignoré leur requête. Matty était mon frère et c'était une personne très importante pour moi. Quand je lui parlais, je lui parlais en espagnol.* »

Les frères Alou continuèrent à impressionner les fans et les manageurs avec leurs qualités athlétiques. En 1963, les San Francisco Giants signèrent un contrat avec un autre frère Alou : ils signèrent aussi un contrat avec Jesus 'Jay' Alou. À cette époque-là il y avait trois frères Alou qui jouaient dans la même équipe ! En septembre de la même année, les frères Alou marquèrent l'histoire de la Ligue Majeure : c'était la première fois que trois frères étaient batteurs dans la même équipe et, plus particulièrement, c'était la première fois que trois frères étaient batteurs dans le même tour de batte[1] !

Le 15 septembre, les frères Alou marquèrent encore l'histoire : les trois frères jouèrent tous pendant le même match, et ils jouèrent tous les trois sur le champ extérieur du terrain[2]. Les Alou marquèrent l'histoire plusieurs fois et attirèrent l'attention aux États-Unis et à l'étranger ! Ils étaient extrêmement contents de jouer dans la même équipe ! Pour Felipe, c'était une expérience incroyable !

[1]*tour de batte - inning [a segment of a baseball game, during which each team bats; there are 9 innings in a baseball game]*

[2]*le champ extérieur du terrain - outfield [the outside area of a baseball diamond, including leftfield, centerfield and rightfield]*

Mais, en 1964, la réunion de famille des Alou fut brusquement interrompue. Les Giants échangèrent Felipe avec les Milwaukee Braves. Felipe était dévasté. Il voulait jouer avec ses frères ! Mais Felipe était fort et déterminé. Il alla jouer à Milwaukee avec une attitude positive et il joua aussi bien pour les Braves. Il continua à jouer dans la Ligue Majeure pendant 17 ans.

À eux trois, les frères Alou jouèrent dans la Ligue Majeure pour un total de 49 ans. Ils célébrèrent beaucoup de victoires importantes et ils gagnèrent beaucoup de prix prestigieux. Mais plus important encore pour Felipe, tous avaient bonne réputation. Les frères Alou étaient des athlètes très respectés ! Tout le monde les admirait !

Chapitre 11
Des hauts et des bas

Felipe joua pour différentes équipes entre 1958 et 1974. Il voulait continuer à jouer, mais il avait 39 ans et il avait joué 2082 matchs. Il avait joué pendant 17 ans, ce qui était plus long qu'une carrière typique dans le base-ball. Après sa brillante carrière dans le base-ball, il était difficile pour Felipe d'arrêter de jouer. C'était une transition difficile. Il se demanda : « *Est-ce que je peux vivre sans base-ball ?* » Le base-ball jouait un rôle très important dans la vie de Felipe et il ne voulait pas l'abandonner.

Peu à peu Felipe passa de joueur à entraîneur. C'était un moment difficile pour Felipe. Il préférait être joueur, pas entraîneur. C'était un joueur très talentueux, mais c'était aussi un entraîneur exceptionnel ! Ses qualités d'entraîneur attirèrent l'attention des Expos de Montréal, et ils lui firent signer un contrat d'entraîneur en 1976. Mais au même moment, Felipe affronta une tragédie horrible qui le dévasta complètement : la mort de son fils, Felipe Jr.

Felipe avait affronté la pauvreté, l'oppression politique, la discrimination et la désillusion mais il n'avait pas vraiment compris ce qu'était la vraie souffrance jusqu'à la mort de son fils bien-aimé. Felipe avait connu des hauts : la gloire, la fortune et le succès, mais à ce moment-là, il connut des bas : la tristesse et la souffrance.

Felipe resta dévasté pendant des mois et des mois mais peu à peu, sa détermination et sa foi en Jésus Christ ravivèrent sa vie et sa carrière. Il retourna chez les Expos en tant qu'entraîneur en 1977. C'était un entraîneur talentueux et il était très respecté. Il était respecté aux États-Unis et en République Dominicaine. Pendant sa carrière dans la Ligue Majeure, Felipe rentra en République Dominicaine entre les saisons de base-ball américain. Les premières années, il joua pour les Leones del Escogido. Ensuite, il fut manageur pour la même équipe. Il rentra plusieurs fois en République Dominicaine et il y gagna quatre championnats.

Felipe continua à travailler en tant que manageur dans les Ligues Mineures pendant 17 ans. Pendant ces 17 ans, sa réputation impeccable et son talent incroyable attirèrent l'attention des Expos. Enfin, en 1992, les Montréal Expos firent signer à Felipe un contrat de manageur de l'équipe de Ligue Majeure. Pour la deuxième fois, Felipe était sélectionné pour la Ligue Majeure !

En 1994, il fut nommé 'Manageur de l'Année de la Ligue Nationale' et il fut le manageur qui connut le plus de succès dans l'histoire des Expos. Toutes les équipes de la Ligue Majeure remarquèrent le succès de Felipe et plusieurs équipes voulurent lui faire signer un contrat.

Felipe Alou

En 2003, la carrière spectaculaire de Felipe Rojas Alou continua là où elle avait commencé...chez les San Francisco Giants.

©2012 S.F. Giants

Felipe signa un contrat de manageur avec les Giants en 2003 et en 2005 les Giants organisèrent une autre 'réunion de famille' pour lui. Ils signèrent un contrat avec Moisés Alou, le fils de Felipe, qui était aussi joueur de base-ball dans la Ligue Majeure. Felipe eut encore le privilège de travailler avec sa famille dans la Ligue Majeure ! Il avait été le manageur de Moisés entre 1992 et 1996 tandis que tous les deux étaient aux Expos et maintenant chez les Giants, il était à nouveau son manageur !

Père et fils parlent sur le champ extérieur du terrain avant un match. Felipe Alou fut le manageur des Giants entre 2003 et 2006.

©2012 S.F. Giants

Felipe Alou, le manageur des San Francisco Giants, avec son fils, Moisés Alou, en 2005.
Felipe fut aussi le manageur de Moisés entre 1992 et 1996, tandis que tous les deux étaient aux Expos.

Felipe resta manageur quatre saisons. En 2007, les Giants lui confièrent un autre poste : 'Assistant Spécial du Manageur Général'. Grâce à sa détermination, sa persévérance et sa foi, Felipe connut de nouveaux hauts. Il transforma sa vie et sa carrière et il transforma complètement le base-ball. Il fut l'un des premiers joueurs dominicains de base-ball de la Ligue Majeure, et il transforma le base-ball en République Dominicaine et dans toute l'Amérique Latine.

Felipe Alou, l'Assistant Spécial du Manageur Général des
San Francisco Giants.

Il était évident qu'il avait aussi eu une énorme influence dans la Ligue Majeure aux États-Unis : sa carrière impressionnante, son charisme irrésistible et son caractère incroyable changèrent aussi les attitudes racistes envers les Latino-Américains et envers les Afro-Américains aux États-Unis. L'influence de Felipe est éternelle… C'est son héritage.

Épilogue

Au moment de la publication (Mai 2012), Felipe Alou travaille toujours dans le baseball dans la Ligue Majeure comme Assistant spécial du Manageur Général des San Francisco Giants. L'opinion de son père sur le base-ball professionnel changea aussi. Il était extrêmement fier de ses fils et il célébrait avec fierté leurs carrières réussies. Mais plus important encore, il célébrait les vies réussies qu'ils avaient vécues.

Felipe, un homme modeste et sincère, déclara au cours de notre interview : « *Je n'étais pas amer par le passé, et je ne suis pas amer aujourd'hui. J'ai vécu une belle vie.* » Déjà, quand il était enfant, Felipe avait une vision pour son avenir. Il sentait qu'il allait faire quelque chose d'important dans sa vie. Il a certainement accompli sa vision.

Glossaire

à - to, at

a - has (s/he)

abandonnait - abandoned (s/he)

abandonner - to abandon

acceptable - acceptable

accident - accident

accidentellement - accidentally

accompli - accomplished

accomplit - accomplished *(adj. ,p.p)*

acheter - to buy

actes - acts

activités - activities

admirait - admired (s/he)

admiraient - admired (they)

affamé - starving

affecter - to affect

affronté - faced *(adj., p.p.)*

affronta - faced (s/he)

affrontait - faced (s/he)

affronter - to face

afin de - in order to

africaines - Africans

afro - Afro; of African type or origin

agent(s) - agent(s)

agressivement - aggressively

aient - had (they)

aimé - liked; loved *(adj., p.p.)*

ainsi - so, thus

alla - went (s/he)

allait - went (s/he)

aller - to go

allèrent - went (they)

alors - so

amer - bitter

américain(e)(s) - American *(f.) (pl.)*

Amérique - America

anglais - English

année(s) - year(s)

ans - years

apparent - apparent

appartement - apartment

appellée - called; named

appelèrent - called

appelés - called

après - after

argent - money

armée - army

armés - armed

arriva - arrived (s/he)

arriver - to arrive

arrivèrent - arrived (they)

arrogance - arrogance

asseoir - to sit

assis - seated

assistant - assistant

athlète(s) - athlete(s)

athlétiques - athletics

attendaient - waited (they)

attendait - waited (s/he)

attendirent - waited (they)

attendit - waited (s/he)

attendre - to wait

attendu - waited *(adj., p.p)*

attentes - expectations

attention - attention

attira - caught

attirer - to catch

attirèrent - caught

attitude(s) - attitude(s)

attrapa - trapped

au - to the

aucune - any ; a single

aujourd'hui - today

aussi - also

autant - much

autobus - bus

autre(s) - another; other(s)

aux - to the; at the

avaient - had; were having (they)

avait - had; was having (they)

avant - before

avec - with

avenir - future

avez - have (you pl.)

avis - opinion

avoir - to have

avons - have (we)

baccalauréat - an academic qualification taken at the end of high school

balle(s) - ball(s)

bas - low

base-ball - baseball

batte - bat

batteur(s) - batter(s)

beaucoup - a lot

belle(s) - beautiful *(pl.)*

besoin - need

bien - good ; well

blanc(s) - white *(m., pl.)*

blanche(s) - white *(f., pl.)*

bois - wood

bon(s) - good *(m., pl.)*

bonne(s) - good *(f., pl.)*

bras - arms
brillante - brilliant
brusquement - brusquely
bureau - office
bus - bus
cadres - managers
capitale - capital
car - because
caraïbes - Caribbean
caractère - character
carrière(s) - career(s)
ce - this
cela - that
celles - the ones *(f. pl.)*
centrale - central
certain - certain
certainement - certainly
ces - these
c'est - it is
cet - this (before a masculine singular noun that begins with a vowel) [ex: cet été]
cette - this (before a feminine singular noun) [ex: cette fille]
chambre - room; chambers
champ extérieur du terrain - outfield

championnat - championship
championnats - championships
changea - changed (s/he)
changèrent - changed (they)
échangèrent - exchanged (they)
chapeau - hat
chapitre - chapter
chaque - each
charisme - charisma
charpentier - carpenter
chauffeur - driver
chez - at the home of
chic(s) - chic ; stylish *(pl.)*
choisir - to choose
choisirent - chose (they)
chose - thing
cinq - five
célébrait - celebrated (s/he)
célébrèrent - celebrated (they)
cliniques - clinics
collaborateurs - collaborators
commande - command ; order
comme - like; as

commencé - began; commenced *(adj., p.p)*

commenta - commented (s/he)

commission - committee

commit - made (s/he)

communauté - community

communiquer - communicate

compassion - compassion

complètement - completely

comprenait - understood, comprehended (s/he)

comprendre - to understand, to comprehend

comprends - understand, comprehend (I, you)

compris - understood, comprehended *(adj., p.p.)*

comprit - understood, comprehended (s/he)

concentré - concentrated *(adj., p.p.)*

concentra - concentrated (s/he)

concentrer - to concentrate; focus

concentrez - concentrate (you all)

conditions - conditions

confiance - confidence

confiants - confident

confièrent - entrusted (they)

confrontés - confronted *(adj., p.p.)*

connaissaient - knew ; understood (they)

connaissait - knew; understood (s/he)

connaître - to know; to understand

connu(e)(s) - known *(adj., p.p.)*

connut - knew (s/he)

consacraient - devoted (they)

consacrait - devoted (s/he)

consacrer - to devote

considéraient - considered (they)

considérée - considered *(adj., p.p)*

considérer - to consider

consistait - consisted

conséquences - consequences

construction - construction

construit - constructed *(adj., p.p.)*

Glossaire

content(s) - happy
continua - continued (s/he)
continuaient - continued (they)
continue - continue (I)
continuellement - continually
continuer - to continue
continuèrent - continued (they)
contrat - contract
contre - against
contrôlait - controlled
convaincants - convincing
convaincre - to convince
coéquipier(s) - teammate(s)
correct - correct
corriger - to correct
corrompus - corrupted
costume(s) - suit(s)
couleur - color
cours - course
cria - cried (s/he)
criaient - cried (they)
criait - cried (s/he)
crier - to scream; cry
crièrent - cried (they)
créole - Creole; a Haitian language and culture

cruel - cruel
cruelle(s) - cruel
cruellement - cruelly
côté de - next to
c'était - it was
Côte Pacifique - Pacific Coast
culture - culture
curieusement - curiously
d'accord - okay
dans - in
d'autre(s) - else
décidé - decided *(adj., p.p.)*
décida - decided (s/he)
décidèrent - decided (they)
décision - decision
déclara - declared (s/he)
découvreur - discoverer
dépassèrent - passed (they)
déplaça - moved (s/he)
déplorables - deplorable
droit - right
désabusé(s) - disillusioned
désillusion - disillusionment
déterminé - determined *(adj., p.p.)*
détermination - determination

dévasté - devastated *(adj., p.p.)*

dévasta - devastated (s/he)

dévoués - devoted

de/d'/des - of; from

dedans - inside

demanda - asked (s/he)

demandait - asked (s/he)

derrière - behind

descendaient - descended, climbed down (they)

descendez - descend, climb down/out *(you pl.)*

descendirent - descended, climbed down (they)

descendit - descended, climbed down (s/he)

descendre - to descend, to climb down

descends - descend, climb down (I)

destination - destination

deux - two

deuxième - second

devaient - had to (they)

devait - had to (s/he)

devant - in front

devenir - to become

devez - must (you pl.)

devoir - to have to

devons - must (we)

dégoûté - disgusted *(adj., p.p.)*

dictateur(e) - dictator

difficile - difficult

différence - difference

différent(e)(s) - different

dirait - would say (s/he)

directeur - director

disait - said (s/he)

discrimination(s) - discrimination

disent - say (they)

disque - disc

distinctif - distinctive

distinguer - to distinguish

distractions - distractions

dit - said (s/he)

divisée - divided *(adj., p.p.)*

déjà - already

délégation - delegation

délicieuse/délicieux - delicious

démocratie - democracy

dois - must (you)

doit - must (s/he)

Dominicain(e)(s) - Dominican(s)

donc - so
dormit - slept (s/he)
du - of the
dur - hard
durée - duration
économique(s) - economic
éducation - education
élémentaire - elementary
élève - student
élevées - higher
éliminé - eliminated *(adj., p.p.)*
élimina - eliminated (s/he)
éliminer - to eliminate
éliminez - eliminate (you pl.)
énorme - enormous
énormément - enormously
époque - epoch, era, time
été - summer
étage(s) - floor(s)
étaient - were (they)
était - were (s/he)
étrangers - strangers
état(s) - state(s)
États-Unis - United States
éternelle - eternal
éternité - eternity
êtes - are (you pl.)

être - to be
études - studies
évident - evident
elle - she
emploi - employment
employés - employees
en cachette - on the sly; secretly
encore - again
endroit - place
enfant(s) - child(ren)
enfin - finally
ensuite - then
enthousiasme - enthusiasm
entières - whole
entra - entered (s/he)
entrait - entered (s/he)
entraînement - training
entraîneur(s) - trainer(s)
entraînez - train (you pl.)
entre - between
entré - entered
entrée - entrance
entrer - to enter
entrèrent - entered (they)
envers - towards
équipe(s) - team(s)
erreur - error
es - are (you)

espagnol - Spanish
est - is (s/he)
et - and
eu - had *(adj., p.p.)*
eut - had (s/he)
eux - them
exactement - exactly
excellent(e)(s) - excellent
exceptionnel - exceptional
exclusivement - exclusively
exemple - example
existait - existed (s/he)
existe - exists (s/he)
experts - experts
expliqua - explained
expérience - experience
extraordinaire - extraordinary
extérieur - exterior
extrêmement - extremely
faim - hunger
faire - to make ; to do
faire la queue - stand in line
faisaient - made (they)
faisait face à - faced
fait - make (s/he)
famille - family
fan(s) - fan(s)
fatigué - tired

favori - favorite
femme - woman
femme au foyer - stay-at-home mom
femmes - women
fermement - firmly
fier(s) - proud
fierté - pride
fils - son
finale - final
finalement - finally
financiers - financial
firent - made (they)
fit - made (s/he)
foi - faith
fois - time
fond - back
font - make (they)
football - football
forgeron - blacksmith
fort - strong
fortune - fortune; luck
français - French
frappait - hit (s/he)
frère(s) - brother(s)
fruits - fruits
furent - were (they)
furieux - furious
fut - was (s/he)

gagné - won *(adj., p.p.)*
gagna - won (s/he)
gagner - to win
gagnèrent - won (they)
gare routière - bus station
garée - parked
gens - people
gloire - glory
général - general
grand(e)(s) - great; tall
graves - grave, serious *(adj.)*
grâce - thanks
grosses - big; heavy
habitaient - lived, inhabited (they)
habitait - lived, inhabited (s/he)
habiter - to live, to inhabit
habituellement - habitually
haïtien(ne)(s) - Haitian(s)
hamburger(s) - hamburger(s)
hauts - highs
heure(s) - hour(s)
heureux - happy
hier - yesterday
histoire - history
homme(s) - man (men)
honneur - honor
honte - shame

horrible(s) - horrible(s)
héritage - heritage
hôtel(s) - hotel(s)
hurla - yelled, bellowed
ici - here
idée - idea
ignoré - ignored
il - he
ils - they (m.)
immédiatement - immediately
immense - immense
impatience - impatience
impatients - impatient
impeccable - impeccable
important(e)(s) - important
impressionné(s) - impressed *(adj., p.p.)*
impressionnaient - impressed
impressionnante - impressive
impressionner - to impress
inacceptable - unacceptable
incapacité - incapacity, inability
incroyable - incredible
influence - influence

inimaginables - unimaginable
innocents - innocent
insista - insisted (s/he)
insistaient - insisted (they)
intelligence - intelligence
intelligent - intelligent
interdit - prohibited
interrompit - interrupted
interrompue - interrupted
interview - interview
intégrité - integrity
intolérable - intolerable
irritée(s) - irritated
irrésistible - irresistible
j'ai - I have
j'avais - I had
javelot - javelin
je - I
jeux - game
joué - played *(adj., p.p.)*
joua - played (s/he)
jouaient - played (they)
jouait - played (s/he)
jouent - played (they)
jouer - to play
joues - plays (you)
joueur(s) - player(s)
jour(s) - day(s)

jouèrent - played (they)
journée - day
jusqu'à - until
jusque - until
juste - just
kilomètre(s) - kilometer(s)
là - there
la - it *(f.)*
laissa - let (s/he)
laisser - to let; to allow
lança - launched, threw, pitched (s/he)
lancer de javelot - javelin throwing
lanceur - pitcher
langues - languages
le - the *(m.)*
île - island
lendemain - the next day
les - the *(pl.)*
leur(s) - their
ligue(s) - league(s)
limites - limitations
loi(s) - law(s)
longtemps - for a long time
lorsque - where
lui - him/her
lycée - high school
machettes - machettes

magasin(s) - store(s)

mai - May

maintenant - now

mais - but

maison(s) - house(s)

majeure - major

majorité - majority

malheureusement - unfortunately

manager(s) - manager(s)

manageur(s) - manager(s)

mangeaient - ate (they)

manger - to eat

mangèrent - ate (they)

manière - way; manner

marquèrent - marked (the)

mars - March

masculin(s) - masculine

massacre - massacre

match(s) - match(es), game(s)

mauvaise - bad

médaille - medal

médecin - doctor

médecine - medicine

membres - members

menteur - mentor

menuisier - carpenter

mer - sea

merci - thank you

mes - my *(pl.)*

Mexique - Mexico

miam - yum

militaires - military

mineures - minor

minutes - minutes

mélange - mixture

même(s) - same

modeste - modest

moi - me

moins - minus

mois - month

moment - moment

mon - my (m.)

monde - world

monta - mounted, went up (s/he)

montaient - mounted, went up (they)

monter - to mount, to go up

montèrent - mounted, went up (they)

mort - dead

mot(s) - word(s)

mouvement - movement

mère - mother

méthode(s) - method(s)

nationale - national

nerveusement - nervously

nerveux - nervous

neuf - nine

noir(e)(s) - black(s)

nom(s) - name(s)

nombreux - numeros

nommé - named *(adj., p.p.)*

non - no

normale(s) - normal

normaux - normal *(pl.)*

nos - our *(pl.)*

notre - our

nourriture - nourishment, food

nous - we

nouveau(x) - new

novembre - November

où - where

observé - observed *(adj., p.p.)*

observa - observed (s/he)

observer - to observe

obstacle(s) - obstacle(s)

obtenir - to obtain

obtenu - obtained

occasion(s) - occasion(s)

odeur - odor; aroma

officiel(le)(s) - official(s)

on - one; people

opinion - opinion

opposants - opponents

opprimait - oppressed (s/he)

oppression - oppression

options - options

or - gold

ordonna - ordered (s/he)

ordonnèrent - ordered (they)

ordre - to order

organisa - organized (s/he)

organisèrent - organized (they)

originaire - originally

origines - origins

ou - or

ouais - yeah

oui - yes

ouvriers - workers

par - by

paradis - paradise

parce que - because

parents - parents

parfait(s) - perfect

parfaitement - perfectly

parking - parking lot

parlé - spoke; spoken *(adj., p.p.)*

parla - spoke (s/he)

parlaient - spoke (they)

parlais - spoke (I)

Glossaire

parlait - spoke (s/he)
parle - speaks (s/he)
parlent - speak (they)
parler - to speak
partaient - parted, departed, left (they)
partent - part, depart, leave (they)
participa - participated (s/he)
participer - to participate
particulier - particular
particulièrement - particularly
partie(s) - part(s)
pas - not
passé - passed *(adj., p.p.)*
passa - passed (s/he)
passer - to pass
passèrent - passed (they)
patient - patient
pauvreté - poverty
pays - country
pendant - while
pensait - thought (s/he)
perdu - lost *(adj., p.p.)*
permettaient - permitted (they)
permettrait - permitted (s/he)

permission - permission
permit - permitted (s/he)
persil - parsley
personne(s) - no one
persévérance - perseverance
peu - little
peuple - people
peuvent - can (they)
peux - can (I)
plages - beaches
plancher - floor
plus - more
plusieurs - many
plutôt - rather
police - police
policier(s) - police officer(s)
politique(s) - political
populaire - popular
population - population
portant - wear (they)
porte - wear (I)
porter - to wear
posaient - posed (they)
posait - posed (s/he)
positifs - positive *(pl.)*
positive - positive
possible - possible
poste - post; job
pour - for

pourraient - could (they)

pourrait - could (s/he)

pourriez - could (you pl.)

pourrons - will (we)

pourront - will (they)

pouvaient - could (they)

pouvait - could (s/he)

pouvez - could (you pl.)

pratiquait - practiced (s/he)

pratique - practice (I)

pratiquent - practice (they)

pratiquer - to practice

père - father

premier(e)(s) - first

prestigieux - prestigious

preuves - evidence

préféraient - preferred (they)

préférait - preferred (s/he)

primordiale - primordial, primary

principal - main

prit - took (s/he)

privilège - privilege

prix - prize; award

problème(s) - problem(s)

producteur - producer

profession - profession

professionnel(le)(s) - professional(s)

profitait - profited (s/he)

progrès - progress

projet - project

prononçait - pronounced (s/he)

prononcer - to pronounce

prononciation - pronunciation

province - province

provoqueraient - provoked (they)

préparait - prepared (s/he)

préparation - preparation

préparer - to prepare

publication - publication

puis - then

put - could (s/he)

qualités - qualities

quand - when

quartier(s) - quarter(s)

quatre - four

que - what; that

quelle - which

quelque chose - something

quelques - a few

queue - line

qui - who

quitté - left *(adj., p.p.)*

quitta - left (s/he)

quittaient - left (they)

quittèrent - left (they)

quoi - what

race - race

racisme - racism

racistes - racist

réagit - reacted (s/he)

réalisa - realized (s/he)

ravivèrent - revived (they)

recevoir - to receive

reconnut - recognized (s/he)

recrutement - recruitment

regardant - watching

remarqué - noted

remarqua - noted (s/he)

remarquables - remarkable

remarquaient - noted (they)

remarquer - to note; to observe

remarquèrent - noted (they)

renoncer - to renounce

rentra - returned (s/he)

rentrer - to return

rentreraient - returned (they)

rentrèrent - returned (they)

représentants - representatives

représenter - to represent

requête - request

respect - respect

respecté(e)(s) - respected *(adj., p.p.)*

respectable - respectable

respectait - respected (s/he)

responsable - responsible

resta - stayed (s/he)

restait - stayed (s/he)

restaurant(s) - restaurant(s)

rester - to stay

retourna - returned (s/he)

retournèrent - returned (they)

rez-de-chaussée - ground floor

réfléchi - reflected *(adj., p.p.)*

réfléchir - to reflect

riche - rich

rigide - rigid

rôle - role

roi(s) - king(s)

rond(s) - round

rouge - red

route - route, road

répondit - responded (s/he)

réponse - response

répéta - repeated (s/he)

République Dominicaine - Dominican Republic

réputation - reputation

réservé(e)(s) - reserved

réservation(s) - reservation(s)

rue - street

réunion - reunion

réussies - successful

sa - his/hers *(f.)*

saisons - seasons

sandwich(es) - sandwich(es)

sans - without

s'appelle - is called (s/he)

s'appelèrent - were called (they)

s'arrêta - stopped (s/he)

s'arrêtait - stopped (s/he)

s'arrête - stop (s/he)

s'arrêtèrent - stopped (they)

s'asseoir - to sit

s'asseyait - sat (s/he)

s'assirent - sat (they)

s'assit - sat (s/he)

savait - knew (s/he)

savoir - to know

scène - scene

s'écria - exclaimed

se déroule - takes place

se rappeler - to remember

second(es) - second(s)

secret - secret

semaines - weeks

sens - feel (I)

sentaient - felt (they)

sentait - felt (s/he)

sentit - felt (s/he)

septembre - September

sera - will be (s/he)

serait - would be (s/he)

service de chambre - room service

ses - his/hers

seul(e)(s) - alone

seulement - only

ségrégation - segregation

ségrégationnistes - segregationists

si - if

signé - signed *(adj., p.p.)*

signa - signed (s/he)

signe - sign

signer - to sign

signifie - means (s/he)

signèrent - signed (they)

sincère - sincere

situé(e) - situated *(adj., p.p.)*

situation - situation

Glossaire

six - six
sélection - selection
sélectionné - selected *(adj., p.p.)*
sélectionna - selected (s/he)
sélectionner - to select
sociale - social
soient - are (they)
sois - am (I)
son - his/hers
sont - are (they)
sortaient - went out (they)
sortait - went out (s/he)
sortir - to go out
souffrance - suffering
sous - under
souvent - often
soyez - be (you formal)
spécial(es) - special(s)
spécifique - specific
speaker - announcer
spectaculaire - spectacular
sport(s) - sport(s)
sportif(s) - athletic
sportives - athletic *(f.)*
sérieux - serious
stable - stable
stade - stadium
statistiques - statistics

stressé - stressed *(adj., p.p.)*
stressait - stressed (s/he)
subir - undergo
succès - success
suis - am (I)
sur - on
sœurs - sisters
talent(s) - talent
talentueux - talented
tandis - while
tant - so
tard - late
taxi - taxi
tellement - so much
temps - time
tenue(s) - uniform(s)
terminale - senior year of high school
terrain(s) - terrain(s), ground(s), field(s)
terrible - terrible
terroristes - terrorists
timide - shy; timid
téléphona - telephoned (s/he)
toi - you
toilettes - bathrooms/toilets
total - total
toujours - always

tour de batte - inning
tourisme - tourism
touristes - tourists
tous - all *(masc. pl.)*
tout - all *(masc. sing.)*
toute - all *(fem. sing.)*
toutes - all *(fem. pl.)*
tradition - tradition
tragédie - tragedy
transforma - transformed (s/he)
transition - transition
travail - work; job
travailla - worked (s/he)
travaille - works (s/he)
travailler - to work
tristesse - sadness
trois - three
tropical(e)(s) - tropical
trous - holes
trouvait - found (s/he)
très - very
tête - head
tu - you
tuait - killed (s/he)
tuer - to kill
tuez - killed (you pl.)
tuèrent - killed (they)
tués - killed *(adj., p.p.)*

typique - typical
un - one; a
une - one; a
universitaire(s) - university(ies)
utilisa - used (s/he)
utilisait - used (s/he)
utilisent - used (they)
utiliser - to use
utilisez - use (you pl.)
va - go (s/he)
vacances - vacation
valise(s) - suitcase(s)
vécu(es) - lived *(adj., p.p.)*
vendaient - sold (they)
veut - wants (s/he)
veux - want (I/you)
victimes - victims
victoires - victories
vie - life
viennent - come (they)
vies - lives
ville - city
vint - came (s/he)
violent(s) - violent
vision - vision
vit - saw (s/he)
vivaient - lived (they)
vivre - to live

Glossaire

voir - to see
voiture(s) - car(s)
voix - voice
vota - voted (s/he)
voter - to vote
votre - your *(formal/plural)*
voulaient - wanted (they)
voulait - wanted (s/he)
voulez - want (you pl.)
voulons - want (we)
voulurent - wanted (they)
vous - you *(formal/pl.)*
voyage - travel, trip
vraie - real
vraiment - really
y - there

Don't miss these other compelling
leveled readers from...

FluencyMatters.com

Brandon Brown Series

Brandon Brown dit la vérité
Present Tense - 95 unique words

Rather than get caught in the act of disobeying his mother, Brandon decides to lie about his dishonest actions. He quickly discovers that not telling the truth can create big problems and a lot of stress! Will he win in the end, or will he decide that honesty is the best policy?   (Also available in Spanish)

Brandon Brown veut un chien
Present Tense - 110 unique words

Brandon Brown really wants a dog, but his mother is not quite so sure. A dog is a big responsibility for any age, much less a soon-to-be 9-year-old. Determined to get a dog, Brandon will do almost anything to get one, but will he do everything it takes to keep one…a secret?

(Also available in Spanish, Chinese & German)

Brandon Brown (cont'd)

Brandon Brown à la conquête de Québec
Past & Present Tense - 140 unique words
(Two versions under one cover!)

It takes Brandon Brown less than a day to find trouble while on vacation with his family in Quebec, Canada. He quickly learns that in Quebec, bad decisions and careless mischief can bring much more than a 12-year-old boy can handle alone. Will he and his new friend, Justin, outwit their parents, or will their mischievous antics eventually catch up with them? (Also available in Spanish)

Le Nouvel Houdini
Past & Present Tense - 200 unique words
(Two versions under one cover!)

Brandon Brown is dying to drive his father's 1956 T-bird while his parents are on vacation. Will he fool his parents and drive the car without them knowing, and win the girl of his dreams in the process? (Also available in Spanish & Russian)

Level 1 Novels

Pirates français des Caraïbes
Present Tense - 220 unique words

The tumultuous, pirate-infested seas of the 1600's serve as the historical backdrop for this fictitious story of adventure, suspense and deception. Rumors of a secret map abound in the Caribbean, and Henry Morgan *(François Granmont, French version)* will stop at nothing to find it. The search for the map is ruthless and unpredictable for anyone who dares to challenge the pirates of the Caribbean. (Also available in Spanish)

Nuits mystérieuses à Lyon
Present Tense - 325 unique words

Kevin used to have the perfect life. Now, dumped by his girlfriend, he leaves for a summer in Spain, and his life seems anything but perfect. Living with an eccentric host-family, trying to get the attention of a girl with whom he has no chance, and dealing with a guy who has a dark side and who seems to be out to get him, Kevin escapes into a book and enters a world of long-ago adventures. As the boundaries between his two worlds begin to blur, he discovers that nothing is as it appears...especially at night! (Also available in Spanish)

Le vol des oiseaux
Present Tense - 400 unique words

Fifteen-year-old Makenna Parker had reservations about her father's new job in Costa Rica, but little did she know that missing her home and her friends would be the least of her worries. She finds herself in the middle of an illegal bird-trading scheme, and it's a race against time for her father to save her and the treasured macaws. (Also available in Spanish)

Level 2 Novels

Problèmes au paradis
Past Tense - 350 unique words

Victoria Andalucci and her 16-year-old son are enjoying a fun-filled vacation at Club Paradise in Martinique. A typical teenager, Tyler spends his days on the beach with the other teens from Club Chévere, while his mother attends a conference and explores Mexico. Her quest for adventure is definitely quenched, as she ventures out of the resort and finds herself alone and in a perilous fight for her life! Will she survive the treacherous predicament long enough for someone to save her? (Also available in Spanish)

Felipe Alou: l'histoire d'un grand champion
Past Tense - Fewer than 300 unique words

This is the true story of one of Major League Baseball's greatest players and managers, Felipe Rojas Alou. When Felipe left the Dominican Republic in 1955 to play professional baseball in the United States, he had no idea that making it to the 'Big League' would require much more than athleticism and talent. He soon discovers that language barriers, discrimination and a host of other obstacles would prove to be the most menacing threats to his success. (Also available in Spanish and English)